novum pro

AF161119

KLAUS POROMBKA

DIE WUNDERSAME REISE DES DOMINIQUE

ODER: WIE IST DAS MIT DER SCHEINBARKEIT?

novum pro

www.novumverlag.com

Bibliografische Information
der Deutschen Nationalbibliothek:

Die Deutsche Nationalbibliothek
verzeichnet diese Publikation in
der Deutschen Nationalbibliografie.
Detaillierte bibliografische Daten
sind im Internet über
http://www.d-nb.de abrufbar.

Alle Rechte der Verbreitung,
auch durch Film, Funk und Fernsehen,
fotomechanische Wiedergabe,
Tonträger, elektronische Datenträger
und auszugsweisen Nachdruck,
sind vorbehalten.

Gedruckt in der Europäischen Union
auf umweltfreundlichem, chlor- und
säurefrei gebleichtem Papier.

© 2024 novum Verlag

ISBN 978-3-99146-316-0
Lektorat: Sandra Fantner
Umschlagabbildung: Aida Maulid
Umschlaggestaltung, Layout & Satz:
novum Verlag

www.novumverlag.com

Vorwort

In folgender Geschichte geht es um das Fühlen und Denken eines jeden lebenden Menschen. Darum, dass allein allgemeingültiges Denken und Empfinden als allgemein richtig erachtet werden.

Aber wer sagt denn, dass all das, was ein Einzelner wahrnimmt, tatsächlich auch das ist, was allgemein wahrgenommen wird?

Wer sagt denn, dass wir alle das gleiche Aussehen einer Farbe meinen, wenn wir beispielsweise „rot" sagen? Könnte es möglich sein, dass die Eindrücke, die in verschiedenen Menschen ob derselben Sache entstehen, sich voneinander unterscheiden, sie jedoch aufgrund des Erlernten in gewisser Weise gleichgeschaltet sind?

Konkret: Dass der Eine vielleicht Gelb sieht und der Andere Grün, beide jedoch bei gewissem Aussehen einer Farbe beigebracht bekamen, sie Braun zu nennen?

Sinnlich wahrnehmbare Unterschiede zwingen uns zu verbalen Differenzierungen. Ob wir alle das Gleiche wahrnehmen, wenn wir uns verbal bemühen, eine bestimmte Sache zu definieren, oder ob wir uns lediglich weit vor uns entstandenen Normen anpassen, lassen wir hier mal dahingestellt.

Ausgehend von dem Gedankengang mit den Farben: Wie ist es denn dann mit jedermanns räumlichen Empfindungen?

Die nun folgende Geschichte bemüht sich, etwas Verständnis in diese pikante Fragestellung zu bringen.

Der gerade offengelegte Gedankengang ist verwunderlich. Zugegeben.

Er ist jedoch die Basis für: „Die wundersame Reise des Dominique".

PS.: Diese Erzählung erhebt keinen Anspruch auf wissenschaftliche Begründbarkeit.
Mathematische Zusammenhänge und andere Institutionen heutiger Kultur werden durch die Erzählung ignoriert und nicht in Frage gestellt.

Viel Spaß beim Lesen!

Diese Erzählung spielt im vorhergehenden Jahrhundert, also im neunzehnten.
Wir befinden uns zu friedlichen Zeiten in einer sehr idyllischen Gegend des Südens von Frankreich; bei einem jungvermählten Liebespaar, das auf einem ländlichen Anwesen lebt.

Das Zusammenleben der beiden ist durch gegenseitige Rücksichtnahme und fürsorgliches Empfinden bzw. Handeln geprägt. Sie sorgen in liebevoller Achtung füreinander, sind ständig umeinander bemüht.

Schon bald stellt sich der Wunsch nach Nachwuchs bei unserem sich inniglich liebenden Pärchen ein.

Es dauert nicht lange und unsere reizende Geliebte gebiert einen sehr liebenswerten Sohn.
Die Geburt des Stammhalters, den unser Liebespaar Dominique nennt, kettet die ohnehin zueinander Hingezogenen noch näher aneinander. Sie wissen kaum noch, wohin mit ihrem Glück.

Der Junge wächst wohlbehütet und geliebt zwischen seinen Eltern auf. Auch jetzt bestimmen Toleranz und Verständnis das Zusammensein. Alles beruht auf Gegenseitigkeit. Kleine Differenzen, die früher oder später zwangsläufig in zwischenmenschlichen Beziehungen auftreten, bespricht man und diskutiert sie aus, sodass man sich nichts vorzuwerfen hat und sich allabendlich mit geklärten Verhältnissen zu Bett begibt.
Sicherlich …, es gibt Situationen, die auch härtere Reaktionen erforderlich machen, aber solche sind nur selten der Fall, da man ja aufeinander achtet und einander achtet.
Es herrschen, wie der Leser dem Geschriebenen entnehmen mag, sehr offene, ehrliche Verhältnisse untereinander.

Als Dominique 10 Jahre alt wird, zieht unsere kleine Familie um. Der Umzug führt sie wieder in eine sehr schöne, ruhige Gegend. Hier leben sie genauso glücklich wie zuvor.

Nach und nach lernen sie nun viele ihrer neuen Nachbarn kennen. An ihrem jetzigen neuen Wohnort haben sie mehr davon, als sie sie vordem hatten.

Schon sehr bald stellt sich heraus, dass eine der Nachbarinnen in der Gegend kein gutes Ansehen genießt.
Man spricht allgemein schlecht über diese Frau. „Sie ist irgendwie eigenartig", sagt man der alleinwohnenden, älteren Person nach, die von allen nur „die alte Jaqueline, die Alte" „geschimpft" wird.

Im Laufe der Zeit muss Dominique immer öfter und intensiver erfahren, dass viele Leute schlecht über Jaqueline denken, sie ein ständiges Gesprächsthema ist.

Weil ihn dieser Umstand berührt und er die teilweise unglaublichen Aussagen anderer nicht verstehen kann, wendet er sich bald mit seinem Problem an seine Eltern.
„Über irgendjemanden reden die Leute immer schlecht", versuchen Mutter und Vater ihn zu trösten. Er möge sich das Gerede der anderen nicht zu Herzen nehmen, sondern sich zu gegebener Zeit sein eigenes Bild machen. Das sei erfahrungsgemäß das Sinnvollste.

Die nun folgende Zeit bringt mit sich, dass unser liebenswerter Dominique Freunde findet. Der alsbald aus fünf Köpfen bestehende Freundeskreis trifft sich anfangs nur selten. Doch führt der Reiz, den man aufeinander ausübt, in der Zukunft immer mehr dazu, gemeinsam etwas zu unternehmen.
Die fünf angeln oder baden im nahe gelegenen Weiher, sie spielen ausgelassen auf den Wiesen oder reiten gemeinsam aus, um die Gegend zu erkunden.

Eines Tages kommt der ebenfalls 10-jährige Jaques auf die Idee, man könne doch mal Detektiv spielen. Er erläutert seine Idee und man einigt sich auf einen Nachbarn, den man „ausspionieren" will. Sodann trifft man sich am nächsten Tag nach dem Mittagessen, um dem gemeinsamen Vorhaben nachzukommen.

Der zu Beobachtende ist ein älterer Landwirt, der sich für diesen Tag vorgenommen hat, seinen Acker mit Pferd und Pflug zu pflügen, um ihn für die neue Aussaat bereit zu machen. Geschickt schleichen sich die selbsternannten Detektive möglichst nahe an den Mann heran und harren gespannt der Dinge, die sich da ergeben.

Viel Aufsehen Erregendes bietet sich an diesem Tag nicht.

Jedoch ist niemand entdeckt worden und das gemeinsame Geheimnis, das man nun hat, stärkt das gegenseitige Vertrauen.

Noch lange erzählen sich die fünf Freunde von dem erregenden Gefühl, das sie während ihrer Beobachtungen verspürten.

Eines schönen Sommertages nun einigen sich die „Verschworenen" wieder darauf, „Detektiv" zu spielen. Diesmal fällt die Wahl auf die „alte Jaqueline, die Alte".

Es verspricht, ein königliches Vergnügen zu werden, da es sicherlich sehr interessant werden wird, ausgerechnet die so verrufene Nachbarin auszuspionieren.

Die fünf Freunde einigen sich ohne lange Diskussionen darauf, am Folgetag nach dem Mittagessen zusammenkommen zu wollen. Morgens musste man noch seinen Eltern auf dem Hofe helfen.

Und so treffen sie sich dann gesättigt und begeben sich auf den Weg zu Jaquelines Anwesen.

Sie durchqueren das Buchenwäldchen und bewegen sich auf den Wacholderhain zu. Nun müssen sie nur noch die Kuhweide überqueren, um zu Jaqueline zu gelangen.

Ihre gespannte Voraussicht lässt sie auf ihrem Weg einander nicht viel erzählen.

Schon beim Überqueren der Weide müssen sie sich in Vorsicht üben und glücklicherweise entdecken sie die ältere Frau rechtzeitig.

Sie arbeitet gerade auf ihrem Felde.

Man macht sich im hohen Gras der Kuhweide so klein, wie es nur irgend geht, um unentdeckt zu bleiben und bedeutet sich mit Handzeichen, wie man nun weiter vorgehen will, um Jaqueline möglichst nahezukommen.

Die Jungen können – während sie mit ihrer Anschleichtätigkeit beschäftigt sind – mitansehen, wie Jaqueline einer für unsere fünf Freunde fragwürdigen Tätigkeit nachgeht. Sie hält einen dicken brennenden Ast in der rechten Hand, mit dem sie ihr im Spätsommer abgeerntetes Kornfeld Stück für Stück abbrennt. Sehr geschickt schlägt sie mit einem Sack, den sie in der linken Hand hält, die auflodernden Flammen nach kurzer Zeit wieder aus. Dominique wundert sich, wie behände sie das macht und bemerkt nicht, wie nahe er sich bereits bei ihr befindet.

Trotz seiner Nähe, die ihn sehr viel vorsichtiger werden lassen sollte, bemüht er sich, ihr noch näher zu kommen, da ihm Jaquelines Tätigkeit nicht ganz geheuer vorkommt.

Doch es kommt, wie es in diesem Fall kommen muss.

„Knack … !!!"

Die Frau dreht sich überrascht in seine Richtung um und er schaut in ein fürchterlich entstelltes Gesicht.

Das abstoßende Aussehen Jaquelines scheint ihm durch starke Verbrennungen hervorgerufen. Die ungleich vernarbte Haut ihres Gesichtes verursacht eine innere Abscheu in unserem 10-jährigen Freund, der sich mit solchen Dingen bislang niemals konfrontiert sah.

Unter Zittern muss er nun die Schimpftiraden und den abstoßenden Anblick der Alten, die die Situation gleich richtig erfasst hat, über sich ergehen lassen.

Nun kommt sie mit bösen und lautstarken Worten auf ihn zu und bemüht sich, ihn damit zu vertreiben.

Er weint vor Wut und Ärger, sich erwischen lassen zu haben. Zu seiner Wut über sich selbst mischt sich ein seltsames Gefühl schlimmen Berührtseins.

Da ihm seiner Meinung nach das Schlimmste nun schon passiert ist, steht er auf und bewegt sich hängenden Kopfes, fast lethargisch, in Richtung Elternhaus. Das Geschimpfe und Geschreie der Alten begleiten ihn auf seinem Weg.

In einiger Entfernung zu Jaqueline treffen unsere Kameraden wieder aufeinander.

Sogleich wird Dominique mit Fragen überfallen.

Immer noch schluchzend – aber schon gefasster – erzählt er, was geschehen ist und dass er stark über den Anblick der Jaqueline erschrocken wäre. Er glaube nun, verstehen zu können, warum alle so schlecht über sie sprächen, meint er. „Aber was hat die da überhaupt gemacht?", fragt er seine Freunde. „So leichtfertig mit dem Feuer umzugehen, das ist doch wohl nicht normal." Jaques antwortet ihm, er hätte auch kein gutes Gefühl bei dem Anblick gehabt und er wisse ebenso wenig, was das Ganze bezwecken solle. Seine Eltern hätten ihm erzählt, mit der grässlichen Frau sei etwas nicht in Ordnung. Und dass sie sich vor einigen Jahren vor Gericht habe verantworten müssen, da man allgemein der Meinung gewesen sei, sie habe damals das Haus des alten Pierre angezündet.

Alle in der Gegend seien bis heute von ihrer Schuld überzeugt. Nur sie konnte das Feuer gelegt haben. „Das sagen alle", spricht Jaques. „Außerdem ist sie nur sehr selten auf ihrem Hof. Nur zu Zeiten, wenn dringend etwas gemacht werden muss. Dann sieht man wieder monatelang nichts von ihr", führt er weiter aus. Dominique, der sich nun wieder in seinem Freundeskreis befindet, beruhigt sich. Sein Schluchzen hört auf. In ihm jedoch arbeitet das soeben Erlebte weiter.

Der für ihn fürchterliche Anblick.

Die verständnislose Haltung der Alten.

Das soeben Gehörte.

„Wer ist diese Frau?", bohrt es in ihm.

Jedoch sehr bald kommt man zu Hause an. Seinen Eltern erzählt Dominique, dass er mit seinen Freunden unterwegs gewesen sei und dass sie die so sehr verrufene Jaqueline gesehen hätten.

Während des Abendbrotes dann, als alle beisammensitzen, berichtet er davon, wie sie die Alte beobachtet haben und er fragt seine Eltern, welcher Grund denn für die Sache mit dem Feuer vorliegen könne und warum sie denn so schrecklich aussehe.

Zur Antwort bekommt er, dass Jaqueline das Feuer wahrscheinlich gelegt habe, um das Feld für die nächste Fruchtfolge bereit zu machen und es gleichzeitig zu düngen.

Die Gründe für ihr Aussehen wisse man ihm auch nicht konkret zu nennen. In der Nachbarschaft munkle man, da sei mal etwas bei einem Brand geschehen. Vordem solle sie eine sehr ansehnliche Frau gewesen sein. Genaueres hierüber wisse jedoch niemand. Allein, es sei wohl so, dass sie tatsächlich für gewisse Zeit wie vom Erdboden verschwunden zu sein scheine und dann urplötzlich wieder dabei gesehen werde, wie sie sich intensiv um ihre Landwirtschaft kümmere. Dieses Gespräch wechselt dann bald zu Belanglosigkeiten. Dominique gibt vor, durch die Ereignisse des Tages recht müde zu sein, und begibt sich zu Bett.

Als er nun im Bett liegt, stellt er fest, dass ihn die Geschehnisse des Tages wohl nicht so stark beansprucht haben, wie er es bei Tisch äußerte.

Im Gegenteil.

Innerlich ist er immer noch aufgewühlt und seine Gedanken kreisen noch ständig um die Alte.

Er sieht ihr Gesicht vor sich.

Er hört von dem brennenden Haus.

Er sieht das Feuer.

Langsam, sehr langsam, immer weiter und weiter …, führt ihn die Müdigkeit in den Schlaf hinab.

Plötzlich wird es dunkel. Nichts passiert.

Bis zu dem Zeitpunkt, als aus der Tür vor ihm ein kleines Licht zu kommen scheint.

Es bewegt sich langsam, aber schier unaufhörlich auf ihn zu und er bemerkt, dass es ständig größer und heller wird.

Als er das Licht berühren zu können glaubt, muss er feststellen, dass ihm das nicht möglich ist, da er sich bereits mitten darin befindet. Auf unerklärliche Weise scheint sein Zimmer verschwunden zu sein. Er weiß nicht mehr, wo er ist.

Da er sich nicht erklären kann, was geschieht, steht er auf und versucht, zu seiner Zimmertür zu gelangen. Er geht und geht, erreicht das Ende seines Zimmers jedoch nicht. Nachdem er nun schon eine ganze Weile gegangen ist und schon nicht mehr hofft, irgendwo anzukommen, macht er völlig befremdet und ein wenig enttäuscht kehrt, um wieder zu seinem Bett zu finden.

Er geht in die entgegengesetzte Richtung.

Und während er so geht, hat er des Öfteren das Gefühl, sein Bett müsse alsbald wieder auftauchen.

Allein ... sein Gefühl entspricht wohl nur dem Bild seiner Hoffnung, denn: Nichts passiert. Außer dem ungewöhnlichen Licht, das ihn die ganze Zeit umgibt, nimmt er nichts wahr. Er macht sich langsam Vorwürfe, aus dem Bett aufgestanden zu sein, und versteht die Welt nicht mehr.

Geradezu ratlos bleibt er stehen, um einen klaren Gedanken zu fassen.

„Was mach ich falsch? Wo liegt mein Denkfehler?", fragt er sich.

Doch kommt er zu keinem ihm erklärlichen Schluss.

Und während er so dasteht, denkt und denkt, erblickt er in größerer Entfernung etwas, das auf ihn den Eindruck von auflodernden Flammen macht.

Da er sich keinen anderen Rat weiß in der ihm fremden Umgebung, macht er sich auf den Weg dorthin auf.

Indem er den vermeintlichen Flammen näherkommt, kann er für sich realisieren, dass sich die ihn vordem umgebende Helligkeit auf ein für ihn erträgliches Maß abdunkelt. Ebenfalls bemerkt er freudig, dass es doch noch etwas gibt, dem er sich nähern kann.

Als er den Flammen nun bereits sehr nahe ist, stellt er fest, dass es sich offenbar um kein gewöhnliches Feuer handelt, da es keine Wärme ausstrahlt.

Er sieht keine Möglichkeit, seiner Situation zu entrinnen.

Seine sicherlich verständliche Verunsicherung; sein Wille, seine Situation zu ändern; das Bestreben, etwas Konkretes für sich in Erfahrung zu bringen, lassen ihn den Entschluss fassen, seine Hand in Richtung „Feuer" zu bewegen.

Und wie er bereits befürchtet hatte: Er spürt nichts.

Der Verzweiflung und den Tränen nahe, weiß er nun gar nichts mehr.

Wo ist er?

Was ist um ihn herum?

Wohin soll er sich begeben?

Wie soll er sich überhaupt irgendwohin begeben?

Was verspricht eine Lösung seines Problems?

Alles erscheint ihm ausweglos. Nur Folgendes ist ihm bewusst: Er fühlt seinen Körper und wähnt sich stehend.

Worauf allerdings, kann er nicht definieren. Um ihn herum ist nichts als Helligkeit und vor ihm befinden sich die „Flammen", die keine sind. Wird er jemals in sein gewohntes Leben zurückfinden können? Zu seinen Eltern?

Als er nun so – von der ganzen Welt verlassen – dasteht und in sich hineinhorcht, kommt ihm der Gedanke, die „Flammen" könnten die einzig mögliche Lösung für ihn sein und während sein mulmiges Gefühl noch in ihm ansteigt, bemerkt er, wie er bereits Anlauf nimmt, um einen Sprung zu wagen. Innerlich noch leise zögernd läuft er an und plötzlich fliegt er.

Aber auch dieser Sprung scheint ihm nicht gewöhnlich zu sein. Zumindest endet er nicht so bald, wie er es von Sprüngen auf der heimischen Wiese gewohnt ist.

Intensive, auf interessante Weise wechselnde, warme, liebliche Farben wirken während des Sprunges auf den Jungen ein. Sie werden bald heller, bald dunkler und suggerieren ihm seltsame, unbeschreibliche Formen und Bildnisse.

Es braucht eine geraume Zeit, bis er für sich realisiert, irgendwie und irgendwo gelandet zu sein. Vielleicht ist er sogar ein wenig traurig, als sein Flug beendet ist, denn das, was sich ihm während seines Fluges offenbart, ist wunderschön und vermittelt ihm ein Wohlgefühl.

Nun jedoch ..., wieder gelandet und mit festem Boden unter den Füssen, scheint es ihm zuträglich, sich wieder in einer für ihn realisierbaren Welt zu befinden.

Das grelle Licht ist weg, um ihn herum ist ihm zwar alles fremd, jedoch empfindet er die ihm fremde, neue Umgebung als sehr hübsch. Grün überspannt den Boden, auf dem er steht. In der Ferne sind Hügel zu sehen und die Gegend, in der er sich befindet, ist mit kleinen Bäumchen bewachsen.

Etwas ungewöhnlich scheint ihm nur das Licht zu sein.

Es ist nicht das klare Licht, das er von zu Hause kennt. Es ist irgendwie dunkler und dieser Umstand führt dazu, dass ihm die Farbabgrenzungen nicht ganz so scharf und kontrastreich erscheinen, wie er es von zu Hause gewohnt ist.

„Wo bin ich hier nur wieder hingeraten?", denkt er, während er einen seltsam wohlriechenden Geruch wahrnimmt.

Nun geht sein einziges Bestreben dahin, seine Eltern zu suchen. – Aufgrund der befremdlichen Geschehnisse vermisst er sie überaus stark. Als er nun losgeht, um seine Liebsten zu finden, stellt er verwundert fest, dass es sich bei den von ihm für Gras gehaltenen Pflanzen unter seinen Füßen tatsächlich wohl nicht um Gras handelt, da es ihm beim Darüberlaufen unbekannte Laute vermittelt. Fast wie Knirschen, fast wie Knacken, fast wie Reißen ..., aber eben nur annähernd.

Er schaut nach unten und bewegt dabei den rechten Fuß.

Hierbei fällt ihm auf, dass das, was er für Gras gehalten hatte, keines ist. „Es sieht zwar genauso aus, wie ich es von zu Hause kenne", denkt er sich, „es hat Halme, ist grün und wächst in Büscheln, kann aber aufgrund seiner Geräusche unmöglich welches sein."

Trotz alledem bückt er sich, greift mit der Hand in das Gewächs und führt es dann zur Nase, um daran zu riechen.

Hierbei bemerkt er, dass der süßliche Geruch, den er schon lange wahrnimmt, wohl von diesem „Gras" ausgeht. Auch die Zerbrechlichkeit des „Grashalmes", den er in der Hand hält, ist ungewöhnlich, denkt er. Zu Hause kann er die Halme um den Finger wickeln; hier nicht; hier zerbröselten sie dabei.

Er richtet sich auf. Nun braucht er einige Zeit, um über die erneute Enttäuschung hinwegzukommen und frischen Mut zu schöpfen.

... Er hatte so sehr gehofft, nach dem Sprung durch die „Flammen" wenigstens in sein Zimmer zurückzukommen. Aber ...

Der Verzweiflung nahe schaut er sich um; hält er Ausschau nach irgendetwas in dieser Gegend, das ihm zumindest bekannt vorkommt. Während er nun so dasteht, sich umblickt und das „Gras" unter seinen Füßen knirschen hört, erblickt er in relativ geringer Entfernung etwas, dessen Aussehen ihn an einen Weg erinnert. Wachsender Hoffnung und von dem Willen beseelt, zu seinen Eltern zurückzukehren, geht er durch das knirschende Gras auf den Weg zu. Dort angelangt, betritt er ihn jedoch nicht gleich, sondern bemüht sich zunächst, vom Rand aus herauszubekommen, auf welchen Pfad er sich begeben wird.

Aus diesem Grund beugt er sich hinab und befühlt zunächst den vermeintlichen Weg. Fast verwundert darüber, einen normalen, von Menschen angelegten Weg vor sich zu haben, macht er sich nun auf ihm daran, seine Eltern zu suchen.

„Irgendwohin muss die Straße ja führen", sagt er sich laut. Er geht in eine beliebige Richtung los und bemerkt die Ruhe beim Gehen, da es nun nicht mehr zu dem ominösen Knirschen unter seinen Füßen kommt.

Ihm fällt auf, dass sich kein Lüftchen regt.

Bienen, Fliegen oder Käfer sind nicht zu sehen. Vögel machen sich durch ihr Zwitschern auch nicht bemerkbar.

So geht er nun also. Von Stille umgeben. Sich ganz und gar nicht wohlfühlend in seiner Haut. Hoffend, befürchtend, erwartend.

Nachdem er nun schon eine ganze Weile gewandert ist – ihm kommt es vor wie eine Unendlichkeit –, glaubt er, in der Ferne etwas zu erspähen.

Was er da zu erblicken glaubt, scheinen ihm beieinanderstehende Bauwerke zu sein. Er denkt sofort an eine menschliche Siedlung und beschleunigt seine Schritte.

Als er nun näherkommt, entschwinden seine zunächst gehegten Zweifel und durchflutet von einem Gefühl der Dankbarkeit, der Hoffnung und grenzenloser Erleichterung, beginnt er zu laufen.

Schnell nähert er sich den Gebäuden, bei denen Leute im Halbdunkel beieinanderstehen und sich unterhalten.

Oh ..., welch wundervolle Welt!

Beim Näherkommen nun muss er feststellen, dass die Menschen, die er zu sehen glaubt, irgendwie ungewöhnlich klein sind. Ihren Gesichtszügen nach zu urteilen, nimmt er an, dass es sich um Erwachsene handelt. Obwohl er nun wiederum der Gewissheit entbehrt, was auf ihn zukommen wird, überwindet er sich und nutzt die nächstbeste Möglichkeit, jemanden anzusprechen.

Zögernd richtet er das Wort an einen Mann, der Zeit zu haben scheint und der ihm einen sehr sympathischen Eindruck macht.

Zurückhaltend stellt er ihm mit Worten bescheidenen Tonfalls die ihm brennendste Frage: „Entschuldigen Sie ..., wo bin ich hier?"

Der ältere Mann, der nun erst bemerkt, dass sich hinter ihm jemand befindet, dreht sich um und weicht ein paar Schritte zurück, da er in seinem Gegenüber ein übergroßes Kind zu erkennen glaubt.

Dominique hebt im selben Moment die Arme in die Höhe, um den „kurzen" Mann zu beschwichtigen und ihm zu bedeuten, nichts Böses befürchten zu müssen.

Ja, der Mann scheint genauso verunsichert zu sein, wie es bei ihm selbst der Fall ist.

Der Ältere geht sofort auf die Versöhnlichkeitsbemühungen ein.

Seine Frage bekommt der Junge jedoch nicht direkt beantwortet.

Vielmehr stellt der zunächst Angesprochene nun die Frage, wer ihm denn überhaupt gegenübersteht.

Langsam – immer noch ein wenig argwöhnisch dem jeweils anderen gegenüber – geraten die beiden ins Gespräch.

Um ihre Unterschiedlichkeit durchaus wissend, beginnen sie, sich vorsichtig aneinander heranzutasten.

Sie sagen einander ihre Namen und geben einander die Hände. (Dominique kennen wir bereits, der ältere heißt Patrick.)

Hierbei stört der Größenunterschied der beiden kaum.

Jeder fühlt eine warme Hand in der seinen und da niemand zu kräftig zudrückt oder sonstige Anstalten macht, schmilzt der anfänglich empfundene Argwohn zwischen den beiden recht bald dahin. Mehr und mehr öffnen sie sich einander und die aneinander gerichteten Worte lassen das Gegenüber jeweils spüren, dass man gewillt ist, Rücksicht zu nehmen, einander achtet und toleriert.

Dominique, der immer noch der Beantwortung seiner zunächst gestellten Frage harrt, versucht es erneut. Sehr sanft fragt er:

„Entschuldigung ..., aber wo sind wir hier?"

„Nur langsam, langsam", antwortet Patrick, „wenn du Lust hast, dann komme doch einfach mit zu Claude. Ich bin um 27 Uhr mit ihm verabredet."

Hierauf macht er eine kurze Pause und als Dominique nichts darauf antwortet, fährt er fort:

„Mir ist klar, dass dir hier alles fremd ist und du noch nicht viel Vertrauen zu mir haben kannst. Du solltest auch nur mitkommen, wenn dir persönlich etwas daran liegt und du es von dir aus möchtest. Dir wird kein Leid widerfahren …, das verspreche ich dir."

Während er all das sagt, berührt er Dominique vertrauenerweckend mit der Hand an der rechten Schulter. Auch seine Mimik zeigt Verständnis und Hilfsbereitschaft an.

Unser Junge, der nicht weiß, was seinem Mitkommen im Wege stehen soll, erklärt sich gerne bereit, mit zu Claude zu gehen.

Die beiden machen sich also auf den Weg.

Alle Leute, die ihnen begegnen, machen einen etwas ungewöhnlich berührten Eindruck. Die Entgegenkommenden scheinen sich Gedanken über das ungleich erscheinende Paar zu machen.

Über den übergroßen Jungen und den Alten. – Patrick und Dominique berühren die Gesichtsausdrücke jedoch nur anfänglich. Sie wissen ja um ihr Erscheinungsbild. Sie gehen also nebeneinanderher. … Was Dominique sieht, gefällt ihm.

Er erblickt ihm verträumt erscheinende Häuser;

mit Hingabe gepflegte Gärten, die von keinen Zäunen umgrenzt sind, jedoch durch die Art ihrer Bepflanzung immer einem bestimmten Haus zuzuordnen sind. Er stellt sich vor, wie wohnlich es darinnen sein muss, wenn diese Häuser schon von außen einen so lieblichen Eindruck auf ihn machen.

Feste Abgrenzungen sieht er keine.

Jeder scheint sich hier bewegen zu können, wie er mag, denkt er, während er auf das Kopfsteinpflaster blickt, welches für ihn in traumhaft erscheinender Weise verlegt ist.

Die beiden begrüßen alle entgegenkommenden Menschen mit netter Geste. Mal werden sie zurückgegrüßt, mal nur verwundert angesehen. Es spielt keine Rolle.

Urplötzlich jedoch, erschreckend plötzlich, als sie bereits außerhalb des Dorfes sind, überkommt unseren Jungen ein sehr eigentümliches, beängstigendes Gefühl.

Unwissend darüber, was nun wieder auf ihn zukommen wird, hält er sich spürbar kräftiger an Patrick fest. Der Alte, der über die unvermutete, stärkere Berührung nur leicht erschrickt, fragt gelassen, was denn in Dominique vorgeht.

Weil der Junge inzwischen Vertrauen zu Patrick gefasst hat, stammelt er: „Ich bekomme Angst. Ich habe das Gefühl, als wenn alles um mich herum zu wachsen beginnen würde."

Nun legt der ältere Mann verständnisvoll und warm seine Hand auf die des Jungen und beruhigt ihn mit behutsam geäußerten Worten: „Dominique, weißt du", sagt er, „Ich verstehe deine Unsicherheit. Bitte habe keine Angst.

Du bist hier in einer dir völlig fremden Welt.

Deine Gefühle sind nur zu verständlich. Dominique, ich weiß, was mit dir geschehen ist. Aus diesem Grunde gehen wir zu Claude. Er wird dich über alles aufklären. Nur so viel kann ich dir schon sagen …, es darf dich aber bitte nicht verängstigen. Also bitte sei stark."

Nach kurzer Pause, in der er den Jungen beobachtet, führt er seine Rede fort: „Bitte akzeptiere es einfach. Um dich herum wächst nichts. … Im Gegenteil, du reduzierst dich langsam auf unsere Größe. Aber bitte, bitte, lasse dich dadurch nicht beunruhigen. Du musst es einfach als gegeben hinnehmen. Nichts wird dir geschehen."

Der Junge hält sich jetzt noch krampfhafter am Arm des Alten fest und unter Schluchzen fragt er, ob er Patrick glauben darf. „Ich hab´ schon so viel mitgemacht in der letzten Zeit. Alles ist immer anders gekommen, als ich's mir gedacht habe."

Beruhigend streichelt der Alte weiterhin Dominiques Hand. „Halte nur aus, und erdulde dein Schicksal", spricht er, „wir haben unser Ziel gleich erreicht."

Langsam fasst sich der Junge.

Da sind sie wieder, die eigentümlichen Wiesen, die sich schier endlos zu erstrecken scheinen. Noch immer strömen sie den lieblichen, süßlichen Duft aus.

Da Patrick inzwischen den Eindruck gewonnen hat, dass sein Begleiter alle Angst abgeschüttelt hat, wendet er sich an Dominique und fragt ihn: „Sag' mal, hast du nicht Lust, etwas zu essen?" „Gerne", antwortet dieser gefasst. „Ich bin richtig hungrig."

„So bediene dich ..., iss dich satt", äußert der Freund, indem er mit der rechten Hand auf das vermeintliche Gras deutet.

Da Patrick die ablehnende Haltung seines Schützlings spürt, greift er in das Grün und führt es zum Mund, um Dominique zu überzeugen. Genüsslich kaut er nun darauf herum und schluckt es hinunter.

Durch Patricks Tat ermutigt, greift nun auch Dominique zu. Auch er führt es zum Mund, um dann, verwundert über den Wohlgeschmack, dem Grün ausgiebig zuzusagen.

Nachdem sich unsere Freunde nun gesättigt haben, führen sie ihren Weg zu Claude fort. Immer wieder läuft das Gespräch der beiden darauf hinaus, dass der ältere beruhigend und beschwichtigend auf seinen jungen Begleiter eingehen muss.

Er, Patrick, wisse, was mit Dominique geschehen sei. Sein junger Freund möge nur alles ruhig über sich ergehen lassen. Es sei gar nicht so lange her, da sei mit einem anderen Jungen das gleiche geschehen. Claude könne helfen.

Als sie nun eine Zeit lang ihren Weg fortgesetzt haben, hebt Patrick unvermittelt seinen Arm und weist auf ein in der Ferne befindliches, gemütlich aussehendes Häuschen hin. „Dort wohnt Claude", sagt er. „Nun ist es nicht mehr weit." Erfreut und neugierig auf das, was ihn dort erwarten wird, geht unser junger Freund hoffnungsvollen Herzens weiter. Der süßliche Duft des Grüns am Straßenrand begleitet unsere Wanderer.

Aufgrund der bereits erlebten, geheimnisvollen, verwirrenden Tatsachen stellt Dominique nur noch kommentarlos fest, dass er sich inzwischen in einem normalen Größenverhältnis zu Patrick befindet. Während sein Freund ihm bei ihrem ersten Treffen bis zur Brust reichte, ist es nun umgekehrt. Das empfindet er wieder als normal.

Vielleicht fühlt er sogar eine gewisse Erleichterung über die sich nun scheinbar normalisierenden Dinge.

Endlich ist es so weit. Die Tür der kleinen Herberge des Claude befindet sich vor ihnen. Patrick klopft an. Im Haus wird eine nett klingende Stimme vernehmlich. „Ja …, wer ist denn da?" „Ich bin's …, Patrick. Wir kommen dich besuchen."

Kurz darauf öffnet sich die Tür, in der dann Claude steht.

Er begrüßt seine Gäste lächelnd mit sympathischem Gesichtsausdruck und streckt ihnen die Hand entgegen. „Nett, dass ihr mich besuchen kommt", sagt er, „bitte tretet näher." Unsere Freunde kommen seiner Aufforderung gerne nach. „Geht doch ins Wohnzimmer", fügt Claude noch hinzu.

Patrick, der sich hier schon auskennt, geht voraus.

Als sie sich nun im Flur befinden, schaut Dominique sich bewundernd um. Alles befindet sich in einem liebevoll gepflegten Zustand. Er sieht mit viel Hingabe verarbeitetes Fachwerk und Mobiliar aus Holz, welches durch seine wunderschöne Maserung und hingebungsvolle Bearbeitung einen Gesamteindruck auf ihn macht, der ihm alles vollkommen erscheinen lässt.

Gerne will er sich diesem Eindruck länger aussetzen, die ihm anerzogene Bescheidenheit erlaubt es leider nicht.

Der Hausbesitzer fasst den jungen Begleiter seines Freundes von hinten bei den Schultern und „schiebt" ihn hinter Patrick her. „Na …, junger Mann …, bist du neu in der Gegend?", fragt er mit lockerem Tonfall. „Ich habe dich hier noch nicht gesehen. So …, hier rechts." Sie begeben sich ins Wohnzimmer. Es unterscheidet sich in seinem Zustand nicht vom Flur.

Dort angekommen bittet er seine Gäste, in den tiefen, gemütlich aussehenden Sesseln Platz zu nehmen.

Nachdem man Platz genommen hat, fragt er: „Darf ich euch etwas zu trinken anbieten?" „Sehr gerne", antworten die beiden wie aus einem Munde und Claude geht hinaus, um etwas Flüssiges zu besorgen.

Der Hausherr kehrt mit einem köstlich aussehenden Getränk zurück und füllt es in Gläser, die auf Dominique den Anschein machen, als wollten sie einen zum Trinken einladen.

Als nächstes stellt Patrick Claude und Dominique einander vor. „Sehr erfreut", äußert jeder der beiden. Man erhebt die Gläser und prostet einander einvernehmlich zu.

Draußen wird es sehr bald dunkel.

Nun ist Patrick an der Reihe, seinem neuen Kameraden zu erklären, welche Funktion Claude innerhalb der kleinen, dörflichen Gemeinschaft einnimmt.

Er sei eine Art Sozialarbeiter im dörflichen Zusammenleben, der seinem Wesen nach allen Bewohnern gerne mit Rat und Tat zur Seite stehe.

Weil der Gastgeber seinen alten Freund nach dieser Aussage fragend ansieht, da er nicht weiß, warum der das erzählt, lenkt Patrick versöhnlich in seiner Ausführung ein. „Natürlich, Claude", sagt er, „du weißt ja nicht, worum es geht. Also ..., mit meinem jungen Freund hier sitzt dir genau der Fall gegenüber, der uns schon des Öfteren begegnete. Da kommt ein Neuer, der nicht weiß, wo er ist und auch keine Idee hat, was er anstellen muss, um etwas für sich in eigene, positive Bahnen zu lenken. Ich dachte, wir gehen gleich zu dir, da du ja schon viel Erfahrung mit dieser Situation hast." Claude nickt verständnisvoll und Dominique schließt sich dem Nicken an.

Alle wissen nun, was sie voneinander zu halten haben; sodann ergreift der Hausherr das Wort.

Zunächst bedankt er sich bei Patrick für das ihm entgegengebrachte Vertrauen und wendet sich dann dem Jungen zu:

„Mein alter Freund wird verstehen, dass wir ihn nun eine Weile außer Acht lassen. Es geht hier um dich", spricht er vertrauenerweckend zu Dominique.

„Zunächst, lieber Dominique, bitte ich dich darum, dich zu entspannen", führt Claude seine Rede fort. „Ich muss dich hier zunächst einmal für deine gefasste Haltung loben. ... Schon viele Mädchen und Jungen nahmen deine Stelle bei mir ein. Der eine war mehr, der andere weniger verwirrt. Du jedoch scheinst mir bislang der gefassteste aller Neuankömmlinge zu sein. Dafür lass´ dir hier meine Hochachtung aussprechen.

Eine Frage: Fühlst du dich allgemein wohl?" Dominique entgegnet: „Eigentlich ja. Verloren fühle ich mich. ... Allein. ... Und ich weiß nicht, was ich getan habe, dass ich in diese Situation gekommen bin. Ich bin allerdings auch wieder froh, euch getroffen zu haben."

Claude spricht weiter: „Nun gut, so machen wir denn weiter. Patrick, du bist auch bereit?" Patrick nickt, was den Redeführer zum Weitersprechen veranlasst: „Zunächst ist mir wichtig, dass du Folgendes weißt: Niemand kann alles verstehen. Vieles muss man einfach als gegeben hinnehmen, ganz einfach, weil es durch Naturgesetze vorgegeben ist. Ich bitte dich hier nochmals, dir keine Sorgen zu machen. ... Allen, die vor dir in der gleichen Situation waren, in der du dich nun befindest, konnten wir helfen." „Danke", wirft Dominique schnell ein. Dann spricht Claude weiter: „Wie ich sehe, bist du sehr stark von dem Willen beseelt, möglichst bald in deine Welt zurückzukehren. Das ist gut so. Wenn dem nicht so wäre, bestünde die Gefahr, dass sich deine Rückkehr etwas verzögerte, aber ich bin voll der Hoffnung für dich." Eine kleine Pause entsteht. „Du musst dich jetzt bemühen, mir jetzt völlig vertrauen und dich dem von mir Erzählten einfach hingeben. Glaubst du, dass schaffen zu können?" Dominique nickt bejahend und vermittelt Claude durch seinen sehr offenen, interessierten Gesichtsausdruck seine ehrliche Absicht. Also spricht Claude weiter: „Du scheinst mir recht erwachsen für dein Alter. Tue dir bitte selbst den Gefallen und glaube nicht, dass wir etwas von dir wollen. Wir möchten dir nur helfen. Ehrlich! Ich fange jetzt mal an, dir zu erklären, wohin du geraten bist.

Du befindest dich in einer Welt, die du dir vorzustellen bis heute nicht in der Lage warst und vielleicht auch vorzustellen noch nicht in der Lage bist.

Aber: Ich erkläre es dir.

Die Welt, in der du dich nun befindest, ist nicht weit entfernt von deiner. Nur ist sie im Normalfall für euch Menschen nicht sichtbar, da euer Auge sie nicht wahrnehmen kann. ... Sie ist viel zu klein."

Erneut entsteht eine Pause, in der jeder einen Schluck des ihm eingeschenkten, köstlichen Getränkes zu sich nimmt, wobei Claude Dominiques Reaktionen auf das bereits Gesagte zu ergründen sucht. Dann hebt Claude erneut an: „Ich muss dir an dieser Stelle sagen, dass du bemüht sein solltest, dich von allem dir Bekannten zu lösen. In dieser Welt ist fast nichts wie in deiner. Die Menschen hier haben es beispielsweise nicht nötig, für ihren Lebensunterhalt zu arbeiten."

Als Dominique an dieser Stelle den Mund öffnet, hebt Claude beschwichtigend den Arm. „Bitte höre einstweilen nur zu und akzeptiere das Gesagte. ... Natürlich ist beispielsweise dieses Haus nicht von allein entstanden", fügt er hinzu und erzählt weiter. „Ich werde jetzt bemüht sein, dir alles Wichtige zu erläutern. Nimm das von mir Gesagte bitte erst einmal nur auf

Die Leute hier werden viel älter als bei euch. ... Sehr viel älter. Vielleicht hängt es damit zusammen, dass wir, wie gesagt, nicht viel körperlich arbeiten müssen, um uns am Leben zu halten. Du hast die riesigen Felder ja gesehen und auch davon gekostet, denke ich. Die Getränke fließen uns gewissermaßen auch einfach in den Mund. Wahrscheinlich haben wir es diesem Umstand zu verdanken, sehr viel mehr Zeit in Forschung und allgemeine Bildung investieren zu können, als es in deiner Welt der Fall sein mag."

Zu Dominiques Überraschung wird es draußen sehr schnell hell.

Sogleich nutzt er seine Chance, etwas einzuschieben. Er fragt, wie es denn sein könne, dass Tag und Nacht so schnell wechseln, oder ob das etwas anderes sei. „Nein, du hast schon recht", erklärt Claude, „Hier wechseln die Tageszeiten tatsächlich viel schneller als in deiner Welt. ... Du bist hier, wie du sicherlich gemerkt hast, in einer völlig anderen Welt. Dass sich unser Aussehen ähnelt, scheint naturgegeben. Was sagtest du nun, wenn ich dir erzählte, du befändest dich hier in einem Bruchteil, einem klitzekleinen Bruchteil des Steines deiner Zimmertürschwelle?

Könntest du das glauben?" Nun ist es an dem Jungen, sich zu äußern. Der braucht eine geraume Zeit, um das Vernommene zu verarbeiten. Nach längerer Pause, in der Claude und Patrick die Antwort Dominiques abwarten, äußert er dann Folgendes: „Nein ..., wirklich nicht ..., denn wie soll ich da reingekommen sein? Die ist doch viel zu klein und zu hart."

„Nun", hob Claude erneut an, „ich hatte dich ja gebeten, alles zu vergessen und dich möglichst von allem dir Bekannten zu trennen. Die Größenunterschiede zwischen unseren Welten scheinen unüberwindlich. Aber: Wichtig ist hier zunächst nur, dass du meiner Aussage überhaupt glaubst, sonst kommen wir nicht weiter. Und: Warum sollte ich dich anschwindeln?" „Okay", sagt Dominique, „erzählen Sie weiter, bitte. Ich kann nur d'raus lernen." Claude fährt in seiner Rede fort: „Also: Die Größenunterschiede zwischen unseren Welten sind für gewöhnlich unüberwindlich, das habe ich dir bereits zu vermitteln versucht. Wie es nun trotzdem möglich ist, dass einige aus eurer Welt in die unsere gelangen, ist leider bis heute nicht erforscht. Dass es möglich ist, beweist deine Anwesenheit."

Hierzu fällt Dominique eine Begebenheit ein, die er Claude sogleich mitteilt: „Ihre Geschichte erinnert mich an etwas, das mir passierte, als ich hier ankam", sagt er. „Als ich vorhin Patrick begegnete, war ich größer als er. Auf dem Weg zu Ihnen wurde ich dann immer kleiner."

Hierauf erwidert Claude: „Ich freue mich, dass du am eigenen Leibe miterleben durftest, wie sich deine Körpergröße änderte. Das macht dich gegenüber meinen Erzählungen sehr viel offener.

Nun aber mal grundsätzlich ganz von vorne: Du befindest dich hier auf einem Elektron, das neben vielen anderen Elektronen einen Atomkern umkreist. Alles – Elektron und der Atomkern – befindet sich in deiner Türschwelle. Genauer gesagt:

> **Was für dich ein Elektron ist, ist unser Planet.**
> **Was für dich ein Atomkern ist, ist unsere Sonne.**
> **Was für dich deine Türschwelle ist,**
> **ist unser Universum.**

Du, Dominique, befindest dich hier auf einem Elektron, welches einen Atomkern umkreist, der unsere „Sonne" darstellt und sich in deiner Türschwelle befindet.

... Genauso ist es im Übrigen mit deiner Erde. Sie, beziehungsweise euer Sonnensystem, ist nur ein kleiner Bestandteil von etwas sehr viel Größerem. Was nun jedoch das Größere ist, von dem euer Weltall einen Teil bildet, wissen wir leider auch nicht nachzuvollziehen. Aus dieser noch größeren Welt kam bislang noch niemand zu uns.

Das Ergebnis unserer Forschung ist: **Es gibt keinen Anfang und kein Ende.** Immer setzt sich etwas Kleines zu etwas Größerem zusammen. Und alles hat seinen Sinn und Zweck." Er nimmt seinen linken Daumen hoch und weist mit dem Zeigefinger der rechten Hand darauf: „Was sich letztlich alles hierin befindet, wussten wir bislang auch nicht zu erkunden.

Niemand weiß es ...

Dominique, kannst du mir noch folgen?" „Nicht ganz", antwortet der Junge, „aber es ist wohl so, wie Sie es sagen. ... Ich werde es einfach akzeptieren müssen. ... Was soll ich tun?"

Claude ergreift wieder das Wort: „Ja, so ist es wohl. Ich sehe ein, dich durch diese neue Erkenntnis verblüfft und stark befremdet zu haben. Allerdings solltest du dir darüber keine schwerwiegenden Gedanken machen. In der Natur ist für alles gesorgt."

Nachdem Claude nun den Begleiter seines alten Freundes längere Zeit anschaut und niemand etwas sagt, spricht er weiter: „Dominique, ich habe versucht, dir Informationen zu vermitteln, die nur höchst selten jemand aus deiner Welt bekommt. Ich wünsche mir, dass du sie sorgsam in deinem Herzen trägst und verantwortungsvoll damit umgehst. Ist das in Ordnung für dich?"

Nach kurzer Pause entgegnet Dominique, dass er nicht genau wisse, was Claude mit dieser Aussage meine, er sich aber selbstverständlich bemühen werde, wo es nur gehe.

Bescheiden fragt er dann, ob er seinen älteren Freunden nicht den Schlaf gestohlen habe. Sie seien ja bestimmt andere Schlafrhythmen gewohnt als er. Auf der Erde sei es normal, zu Bett zu gehen, wenn es dunkel werde. Nun ergreift Patrick das Wort: „Darüber musst du dir keine Sorgen machen", antwortet er, „Wir schlafen, wenn uns danach zumute ist.

Recht selten übrigens."

Gleich darauf führt Claude weiter aus: „Mir ist klar, lieber Dominique, dich mit einer neuen Erkenntnis geradezu überfallen zu haben. ... Aber: Akzeptiere es einfach. Die Erde und die acht anderen Planeten umkreisen die Sonne. Wir umkreisen auf unserem Elektron das Atom, das uns Licht spendet. Das ist eigentlich schon alles."

„Nun aber zu deiner Rückkehr", spricht er weiter.

Dominiques Gesicht erhellt sich.

„Aller Erfahrung und Wahrscheinlichkeit nach musst du heute an einem Ort nächtigen, der dir Sicherheit und Geborgenheit vermittelt. Alle Menschen, die es bislang in unsere Welt verschlug, erwachten darauf am folgenden Morgen wieder in ihrer eigenen Dimension. Von Schwierigkeiten, was diese Art deiner Rückkehrvorbereitung angeht, weiß ich nicht zu berichten".

Nach dieser Aussage des Claude unterhält man sich in gelöster Stimmung miteinander. Die langen Monologe vordem waren wohl vonnöten gewesen.

Man tauscht noch lange Zeit Erfahrungen aus, die man in den verschiedenen Welten gemacht hat.

Dominique erfragt noch viele Dinge, von denen er glaubt, sie in seiner Welt gebrauchen zu können. Als dann langsam der Zeitpunkt gekommen ist, sich zur Ruhe zu begeben, lässt man ihm die Wahl, wo er denn die Nacht verbringen möchte. Er entscheidet sich für Claudes Haus.

Als der ihm nun den Schlafraum zeigt, bittet er ihn nochmals darum, die hier gemachte Erfahrung sorgsam im Herzen zu bewahren, wünscht ihm eine gute Nacht und alles, alles Gute für die Zukunft.

Dominique macht es sich in einem schönen Bett bequem; denkt noch eine Weile nach; und schläft dann in unglaublich freudiger Erwartung ein.

Schon sehr bald darauf wird er durch lautes Rufen wieder geweckt: „Junge, nun wach doch endlich auf. Du wolltest doch Papa auf dem Feld helfen", klingt es aus der Küche in sein Zimmer hinauf.

Als er hierauf seine Augen öffnet, will er ihnen fast nicht trauen.

Er befindet sich wieder in seinem Zimmer und seine Mutter ruft nach ihm.

Unendlich erleichtert über die Hilfe, die er von Claude und Patrick erhalten hat, springt er auf, wäscht sich nur oberflächlich, um gleich darauf in die Küche zu eilen.

Beim Überschreiten der Schwelle seiner Zimmertür lässt er besondere Vorsicht walten und lächelt einen Moment auf sie hinab. Auch schließt er die Tür sehr behutsam, um möglichst keine Erschütterungen zu verursachen.

In der Küche angekommen, umarmt er stürmisch seine Mutter und hält sie einige Sekunden inniglich in seinen Armen. Noch vor seinem Gang zum Vater erzählt er seiner Mutter von seinem sonderbaren, wunderschönen Erlebnis; seinem wunderschönen Traum.

Traum???

Der Autor

Der 1960 in Deutschland geborene Klaus Porombka ist gelernter Einzelhandelskaufmann, Filialleiter und Ausbildner aus Leidenschaft. Mittlerweile geschieden, ist er als geselliger Mensch gerne unter Freunden und genießt es, neue Bekanntschaften zu schließen. Seine Liebe zur Musik ist groß und so spielt Klaus Porombka selbst mehrere Musikinstrumente. Sein Lebensmotto lautet „einfach immer weitermachen" und hat ihn dabei unterstützt, sein erstes Werk „Die wundersame Reise des Dominique" zu veröffentlichen.

Der Verlag

*Wer aufhört
besser zu werden,
hat aufgehört
gut zu sein!*

Basierend auf diesem Motto ist es dem novum Verlag ein Anliegen, neue Manuskripte aufzuspüren, zu veröffentlichen und deren Autoren langfristig zu fördern. Mittlerweile gilt der 1997 gegründete und mehrfach prämierte Verlag als Spezialist für Neuautoren in Deutschland, Österreich und der Schweiz.

Für jedes neue Manuskript wird innerhalb weniger Wochen eine kostenfreie, unverbindliche Lektorats-Prüfung erstellt.

Weitere Informationen zum Verlag und
seinen Büchern finden Sie im Internet unter:

www.novumverlag.com